SITZUNGSBERICHTE DER DEUTSCHEN AKADEMIE
DER WISSENSCHAFTEN ZU BERLIN

*Klasse für Philosophie, Geschichte, Staats-, Rechts-,
und Wirtschaftswissenschaften*

Jahrgang 1967 • Nr. 9

OTTO ROSENKRANZ

VON DER BODENREFORM ZUM SOZIALISTISCHEN LANDWIRTSCHAFTLICHEN GROSSBETRIEB

AKADEMIE-VERLAG • BERLIN

1967

Vortrag gehalten von Herrn Otto Rosenkranz in der Sitzung des Plenums der Deutschen Akademie der Wissenschaften zu Berlin vom 17. November 1966

Zum Druck genehmigt am gleichen Tage, ausgegeben am 10. 6. 1967

Erschienen im Akademie-Verlag GmbH, 108 Berlin, Leipziger Straße 3—4

Lizenznummer: 202 · 100/219/67
Herstellung: IV/2/14 VEB Werkdruck, 445 Gräfenhainichen · 2824
Bestellnummer: 2010/67/VI/9 · ES 22 B / 5 B 2
2,50

In der Deutschen Demokratischen Republik vollzieht sich zur Zeit eine Entwicklung zu Formen der Produktion von Nahrungsgütern, die mit traditionellen Vorstellungen über Landwirtschaft, landwirtschaftliche Produktion und landwirtschaftliche Betriebe nicht mehr übereinstimmt. Sie ist das Ergebnis des Übergreifens der technischen Revolution auf die Landwirtschaft und einer Entwicklung der Produktivkräfte, die unter sich festigenden sozialistischen Produktionsverhältnissen mit bisher nicht gekannter Geschwindigkeit vor sich geht.

Nicht einmal alle unmittelbar von ihr Betroffenen – Genossenschaftsbauern, Landarbeiter, leitende Funktionäre in den Betrieben, selbst Wissenschaftler aus den verschiedenen Gebieten der Landbau- und Landwirtschaftswissenschaften – haben ihre Bedeutung und Richtung erkannt. Für Außenstehende kann das nicht anders sein.

Soll aber die weitere Gestaltung der Produktion von Nahrungsgütern den gesellschaftlichen Interessen entsprechend gesteuert, sollen die dabei auftretenden, immer wieder neuen Probleme auch in ihren Verbindungen und Verflechtungen mit allen anderen Bereichen der Volkswirtschaft mit Erfolg gelöst werden, dann kommt es darauf an, die Stellung der Produktion von Nahrungsgütern unter allen anderen Bereichen der gesellschaftlichen Produktion, die Stellung der Landwirtschaft im Rahmen der Volkswirtschaft und die sich abzeichnenden Veränderungen neu zu durchdenken. Es kommt darauf an, sich darüber klar zu werden, daß etwa 50 % des Wertes der insgesamt individuell konsumierten Waren für Nahrungsgüter ausgegeben werden – und darüber, daß 1966 Nahrungsgüter anders produziert werden als noch vor 20 Jahren. Sie werden aber auch 1986 – also wiederum 20 Jahre weiter – anders, mit anderen Produktionsinstrumenten, bei höherer Arbeitsteilung, höherer Arbeitsproduktivität, und in noch wesentlich engerer Verbindung mit den verschiedensten Bereichen der Volkswirtschaft hergestellt werden als 1966.

Was sich bisher verändert hat und was an weiteren Veränderungen zu erwarten ist, soll unter dem Thema „*Von der Bodenreform zum sozialisti-*

schen landwirtschaftlichen Großbetrieb“ dargestellt werden. Das dürfte am besten möglich sein durch einen Vergleich dessen, was war mit dem, was ist und dem, was mit Sicherheit sein wird – aber auch mit dem, was nur prognostisch als wahrscheinlich für die weitere Entwicklung eingeschätzt werden kann.

Bodenreform und Neubauernbetriebe

Als im Jahre 1946 mit der Bodenreform „das jahrhundertealte Unrecht an den Bauern wiedergutgemacht“ (Programm der SED) und rd. 2,2 Millionen ha Land an fast 560 000 Bodenempfänger verteilt wurden, bewirtschafteten die Bauern wie seit Generationen – man könnte sagen seit Jahrhunderten – den Boden. Der Krieg hatte 40 % aller Transportmittel und 30 % aller Geräte, aber auch ganze Dörfer zerstört. In den land- und forstwirtschaftlichen Betrieben gab es im Jahre 1949 außer einer ganzen Menge anderer Geräte nur 23 000 Schlepper, keine Mähdrescher, Mähhäcksler, Rüben- oder Kartoffelvollerntemaschinen. Die Tierbestände waren zusammengeschmolzen und oft konnte nicht einmal mit Pferden oder Ochsen gepflügt werden; Kühe zogen nur zu oft Ackergeräte. Mancher Neubauer mußte auch die sich noch borgen – oder sich und seine Frau vor die Egge oder Walze spannen. Handarbeit – ohne Maschinen oder mit nur einfachen Geräten – beherrschte Felder und Hof. Dünger wurde meist mit der Hand gestreut, die Mahd mit der Sense war noch weit verbreitet. Es war die Zeit, als noch eine besondere Technik der Erledigung einfacher Handarbeiten, wie des Bindens von Getreidegarben oder des beidhändigen Legens von Kartoffeln, zu erheblicher Steigerung der Arbeitsproduktivität führte und entsprechende Anerkennung fand.

Tabelle 1. Maschinen und Geräte der Land- und forstwirtschaftlichen Betriebe 1939 und 1949

	1939*	1949
Schlepper	über 35 000	23 311
Drillmaschinen	197 268	205 206
Düngerstreuer	60 092	43 711
Mähbinder	119 584	117 472
Dreschmaschinen mit Kraftantrieb	215 822	206 246
Strohpressen mit mech. Bindung	93 214	86 326
Kartoffelroder	137 468	153 321
Rübenroder	28 861	15 181

* Gebiet der DDR

Tierische Zugkräfte zur Betätigung einfacher Maschinen und Geräte, dazu mehr oder weniger gutes, meist selbst reproduziertes Saat- und Pflanzgut; ein gegenüber 1939 erheblich reduzierter Bestand an Rindern, Schweinen, Schafen und Geflügel, stellten die Ausrüstung der Menschen dar, mit der sie Pflanzen, Tiere und tierische Erzeugnisse produzierten.

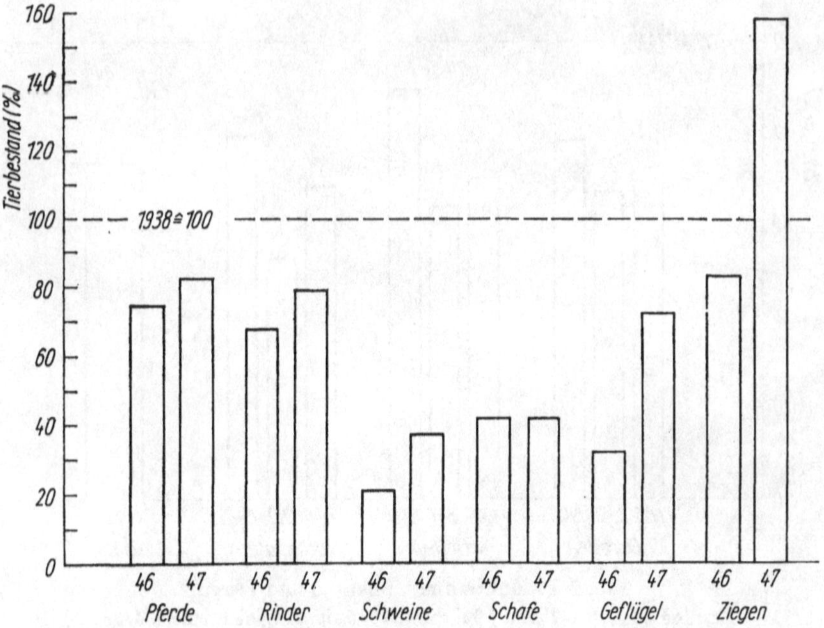

Abb. 1 Tierbestände auf dem Gebiet der DDR 1946 und 1947 im Vergleich zu 1938

Beschränkt wurde diese Produktion durch das, was dem Boden entnommen werden konnte. Darin war nach sechs Kriegsjahren nicht mehr viel. Die ungenügende Versorgung mit mineralischen Düngemitteln mußte zu Lasten des innerbetrieblichen Nährstoffkreislaufes zwischen Boden — Pflanzen — Tiere — gehen und zu dem eingetretenen Zusammenbruch der Erträge führen. Ihre Höhe war charakterisiert durch 13,6 dt/ha Roggen und 18,2 dt/ha Weizen noch im Jahre 1947 sowie 1849 kg Milch je Kuh im Jahre 1945 — das sind etwa 70 % der Vorkriegserträge.

Ausdruck für die damals erreichte Arbeitsproduktivität sind etwa 10 bis 15 Stunden Arbeitszeit je 100 l Milch und kaum weniger als 14 Stunden je dt Getreide. Noch 1951 durchgeführte Untersuchungen eigener Mitarbeiter in bäuerlichen Einzelwirtschaften haben, wenn auch nicht in Bezug auf die Repräsentation gesichert, so doch als für die Verhältnisse typisch, folgendes ergeben: In einem thüringischen Neubauernbetrieb mit 9 ha landw. Nutzfläche arbeiteten 4 Personen 14768 Stunden oder 1641 Std/ha und 3569 Std je mitarbeitende Person. „Die Gespannarbeiten wurden von zwei Zugochsen bewältigt.“ (ROSENKRANZ und BURKERT, 1953).

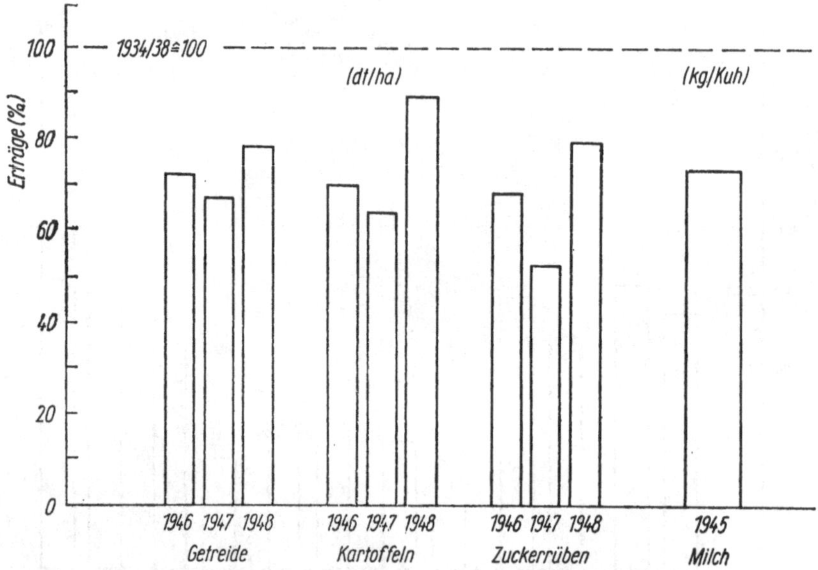

Abb. 2 Produktion mit Pflanzen und Tieren
Erträge 1946, 1947 und 1948 bzw. 1945 im Vergleich zu 1934/38

In einem sächsischen Altbauernbetrieb von 13 ha landw. Nutzfläche arbeiteten 4 Personen und Aushilfskräfte zusammen 16271 Std. oder 1252 Std/ha und 3296 Std. je mitarbeitende Person. „Sämtliche im Betrieb anfallenden Gespannarbeiten werden von zwei im Betrieb vorhandenen Pferden erledigt.“ (Ebenda).

Abgesehen von der außerordentlich hohen Arbeitsbelastung der einzelnen Personen, die im Neubauernbetrieb „mit Ausnahme weniger Wochen über 60 Stunden, in Zeiten der höchsten Arbeitsspitzen sogar bis 93 Stunden je Woche“ erreichte, und auch im Altbauernbetrieb „fast während des ganzen Jahres über 60 Stunden wöchentlich, in Spitzenzeiten über 70, sogar bis 85 Stunden“ erforderte, läßt der Gesamtaufwand an Arbeitszeit auch bei sehr hoher Produktion die äußerst niedrige Effektivität der lebendigen Arbeit erkennen.

Es dauerte einige Jahre, etwa bis 1950, ehe in der Landwirtschaft der Deutschen Demokratischen Republik der Stand der Erträge von 1934/38 wieder erreicht war und dank den ergänzten Tierbeständen auch die Produktion an tierischen Erzeugnissen wieder dem Vorkriegsstand entsprach oder doch nahe kam.

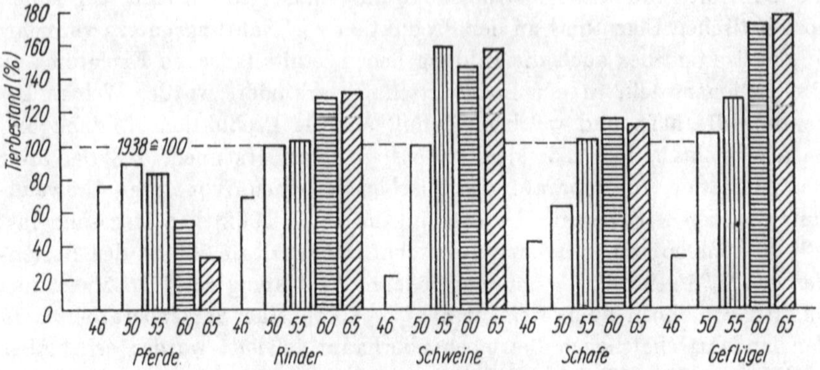

Abb. 3 Tierbestände 1950, 1955, 1960 und 1965 im Vergleich zu 1938 und 1946

Maschinenhöfe, MAS und MTS

Neubauernwirtschaften und die Betriebe aufgestockter Kleinbauern zeigten ebenso wie die aller anderen werktätigen Bauern dank der durch das Bündnis zwischen Arbeitern und Bauern bestimmten Agrarpolitik eine rasche Entwicklung. Aus dem Bestreben, die Arbeit der Bauern und Landarbeiter effektiver zu gestalten, sie alle besser als bisher mit modernen Maschinen zu versorgen, die landwirtschaftliche Produktion dabei mit möglichst geringem Aufwand so weitgehend wie möglich zu mechanisieren, wurden mit sowjetischer Hilfe aus den Maschinenhöfen der Vereinigung gegenseitiger Bauernhilfe, von denen zunächst vor allem bei der Bodenreform enteignete Maschinen eingesetzt bzw. ausgeliehen wurden, die MAS – und aus ihnen seit 1952 Maschinen-Traktoren-Stationen (MTS).

Als Stützpunkte der Arbeiterklasse auf dem Lande hatten sie nicht nur die Hilfe des Staates für die Entwicklung der bäuerlichen Wirtschaften und damit praktische Bündnispolitik zu verwirklichen: Sie gaben auch den Bauern die Möglichkeit, ohne Maschinen anschaffen zu müssen (die zwar kapazitätsmäßig ihren Betrieben entsprochen, nach den Preisen aber ihre finanziellen Möglichkeiten überschritten hätten), nach und nach die Vorteile des Einsatzes moderner Produktionsinstrumente zu nutzen. Es kann politisch kaum zu hoch eingeschätzt werden, daß sie für *alle* Bauern – unabhängig von der Größe ihrer Betriebe (wenn auch mit unterschiedlichen Tarifen verbunden) von Bedeutung waren. – Für die gesellschaftliche Entwicklung gilt ebenfalls, daß mit der Ausrüstung der Landwirtschaft über die MTS mit Produktionsinstrumenten, die Volkseigentum sind, der Anteil sozialistischen Eigentums an der Produktion von Nahrungsgütern vermehrt – gleichzeitig aber auch die Bildung neuen kapitalistischen Eigentums an Produktionsmitteln in der Landwirtschaft verhindert wurde. Welche Bedeutung die MTS und welchen Einfluß auf die Produktion sie nach und nach erreicht hatten, läßt sich am besten daran erkennen, daß bei ihrer Reorganisation zu Reparatur-Technischen-Stationen (vor ihrer Umwandlung zu Kreisbetrieben für Landtechnik im Jahre 1962) von insgesamt fast 100 000 Schleppern in der Landwirtschaft der DDR 66 500 zu den Beständen der MTS gehörten. Wegen der höheren Auslastung der MTS-Maschinen dürften von ihnen nicht weniger als 75–80 % aller Schlepperarbeiten in den landwirtschaftlichen Betrieben überhaupt geleistet worden sein. Aber auch von 11 380 Mähdreschern in der DDR waren 10 219 in den MTS, von 7472 Kartoffelvollerntemaschinen 6713, von 4533 Rübenvollerntemaschinen waren 4026 in den MTS stationiert.

Der Einsatz der Maschinen der MTS machte es möglich, vor allem schwere Arbeiten der Bodenbearbeitung, aber auch der Ernte, zunehmend zu mechanisieren. Die Bedeutung dieser Tatsache wird dadurch nicht aufgehoben, daß eine wirklich rationelle Organisation der Produktion mit Arbeitskräften und Arbeitsmitteln aus Betrieben verschiedener Eigentumsformen – Bauernwirtschaften und sozialistischen, auf Teilproduktion abgestellten staatlichen MTS –, in einem Produktionsprozeß miteinander verbunden, selbst bei noch so guter Organisation der Arbeit der MTS nicht unerhebliche Schwierigkeiten machte. Die Arbeit der MTS ließ aber auch die Widersprüche zwischen dem Umfang bäuerlicher Felder und modernen landwirtschaftlichen Großmaschinen allen einsichtigen Bauern deutlich werden.

Brauchte man für die Getreideernte bei Mahd mit der Sense und Drusch aus der Scheune etwa 123 Std/ha, erforderten die Mahd mit dem schleppergezogenen Bindemäher – dem bis dahin am weitesten entwickelten Verfahren – und der Drusch vom Wagen noch etwa 45 Arbeitsstunden je ha Anbaufläche, so schaffte man die gleiche Arbeit mit dem Mähdrescher einschließlich Strohernte in nur 37 Arbeitsstunden. Hinzu kam, daß die Arbeit der Bauern erleichtert – und die einsetzbare Arbeitskapazität um die der Traktoristen erweitert wurde. Mit einem Gespann brauchte man

22 Stunden, um 1 ha zu pflügen, mit einem Schlepper nur 5–6 Stunden, mit größeren Arbeitsbreiten werden es bald nur noch 2,5 Stunden sein. Diese Vorteile kommen aber nur zur Wirkung, wenn die für den Einsatz großer Maschinen unerläßlichen Vorbereitungs- und Abschlußzeiten in – am Gesamtaufwand gemessen – vertretbaren Grenzen bleiben und nicht durch überhöhte Rüst- und Wegezeiten bei der Bearbeitung zu kleiner Felder aufgehoben werden.

Tabelle 2. Arbeitszeitbedarf für ausgewählte Arbeiten [in Stunden je Hektar]

Pflügen:	mit Gespann	mit Schlepper	
Arbeitsbreite (m)	0,25	0,60	1,20
Zeitbedarf (h)	22,00	5,50	2,50

(sandiger Lehm, Bodenwiderstand > 50 kp/dm²)

Dünger streuen:	von Hand	mit Gespann	mit Schlepper	mit LKW
Arbeitsbreite (m)	2,0	2,5	7,5	15,0
Zeitbedarf (h)	4,0	2,0	1,0	0,2

Getreideernte:

Mahd mit Drusch	Sense aus Banse	Gespann-Binder aus Banse	Schlepper-Binder vom Wagen	Mähdrescher vom Feld
Arbeitsbreite (m)	1,75	1,60	2,40	3,00
Zeitbedarf (h)	123,00	79,00	45,00	37,00

Die landwirtschaftlichen Produktionsgenossenschaften

Einzige Möglichkeit zur Auflösung dieses Widerspruchs war die Vergrößerung der Felder und – auf der Grundlage des Bündnisses zwischen Arbeitern und Bauern – die Bildung landwirtschaftlicher Produktionsgenossenschaften. Nur die Bildung landwirtschaftlicher Produktionsgenossenschaften konnte „alle Quellen für das Wiedererstehen kapitalistischer Ausbeutungsverhältnisse auf dem Lande“ beseitigen. Nur durch sie konnten aber auch „die Bauern von den Fesseln der Kleinproduktion, in deren engen Grenzen sich ihre Fähigkeiten und Initiative nur in geringem Maße entfalten können“, (Protokoll des VI. Parteitages der SED) befreit werden.

Dem Streben nach der Schaffung dem Stand der Entwicklung der Produktivkräfte entsprechender sozialistischer Produktionsverhältnisse hat die

II. Parteikonferenz im Juli 1952 Rechnung getragen, indem sie beschloß: „Den Landarbeitern und werktätigen Bauern, die sich auf völlig freiwilliger Grundlage zu Produktionsgenossenschaften zusammenschließen, ist die notwendige Hilfe zu gewähren und dadurch zugleich das Bündnis der Arbeiterklasse mit den werktätigen Bauern zu festigen.“ (Protokoll der II. Parteikonferenz der SED). Damit war die Möglichkeit gegeben, die durch das private Eigentum an Grund und Boden gesetzten Grenzen für die weitere Entwicklung der Produktivkräfte zu überwinden. Der Entschluß, dem Stand der Produktivkräfte entsprechende Produktionsverhältnisse planmäßig zu schaffen, wurde zum Motor der Entwicklung. Seitdem aber gibt es wohl kaum ein besseres Beispiel für die Wechselbeziehungen zwischen beiden — dem Stand der Produktivkräfte und dem Stand der Entwicklung der Produktionsverhältnisse — als die Entwicklung unserer landwirtschaftlichen Produktionsgenossenschaften.

Zu den beiden bisher vorhandenen Formen sozialistischer Landwirtschaftsbetriebe, den volkseigenen Gütern und den MTS, kamen drei weitere hinzu, die LPG Typ I, Typ II und Typ III, unterschieden nach dem Grad der Vergesellschaftung der Produktionsmittel. Sie stellen die Form des Übergangs zu sozialistischen Produktionsverhältnissen dar, die ohne Enteignung der Bauern möglich ist und ihrer Mentalität und historischen Entwicklung entspricht.

Die Bauern bleiben Eigentümer ihrer Produktionsmittel, bringen sie aber in unterschiedlichem Umfang und Anteil zu gemeinsamer Nutzung ein und schaffen in gemeinsamer Arbeit neues sozialistisches Eigentum. Außer den LPG bestanden in abnehmender Anzahl einzelbäuerliche Betriebe bis zum Jahre 1960, als sich nahezu alle zu LPG zusammenschlossen. „Durch den vollständigen Übergang der Bauern zur genossenschaftlichen Produktion ...“ wurde „die sozialistische Umwälzung... auf dem Lande“ vollzogen. „Der Übergang zur genossenschaftlichen Produktionsweise war ein langwieriger Prozeß. Er erfolgte im harten Klassenkampf, gegen den Widerstand reaktionärer Kräfte im Dorf.“ (Protokoll des VI. Parteitages der SED).

Es wäre also falsch anzunehmen, daß diese Entwicklung ohne Schwierigkeiten vor sich gegangen ist. Es wäre auch falsch anzunehmen, daß mit dem Eintritt des letzten Einzelbauern in eine LPG die Entwicklung sozialistischer Landwirtschaftsbetriebe abgeschlossen wurde. Hundert zu einem Betrieb vereinigte Bauernhöfe stellen noch keinen sozialistischen Großbetrieb dar. Um ihn zustandekommen zu lassen, muß mit der Entwicklung der Menschen, ihrem Bewußtsein, ihren Fähigkeiten und ihrer gesamten Einstellung zum Neuen, den neuen sozialistischen Produktionsverhältnissen, eine stetige Veränderung der materiellen Voraussetzungen (ihrer Entwicklung und die Herstellung ihrer Übereinstimmung mit den Produktionsverhältnissen) einhergehen. Beides zusammen stellt einen weiteren langen und recht komplizierten Prozeß dar. Das gilt für die Entwicklung der Menschen ebenso wie für den Ersatz alter, unter den neuen Verhältnissen nicht mehr brauchbarer Produktionsmittel; für Gebäude, Maschinen und Anlagen ebenso wie für manche Vorstellungen von der Produktion, von landwirtschaftlichen Betrieben und Landwirtschaft überhaupt.

Die Arbeit manch eines guten Agitators aus den Anfängen der genossenschaftlichen Entwicklung ist durch inzwischen selbst erworbenes, solides fachliches Können oder durch die Hilfe neuer Kader erfolgreicher geworden. An die Stelle an sich erfolgreicher Organisatoren der Produktion, die aber nicht verstanden, die Menschen zu mobilisieren, sind zunehmend neue, sozialistische Leiter getreten. Sie kamen und kommen nicht nur von den Hochschulen und Fakultäten. Für den in der Entwicklung Stehenden ist es vielmehr wohl das immer wieder größte Erlebnis zu erfahren, wie aus Bauern und Landarbeitern nicht nur Leiter von komplizierten Produktionsprozessen mit vielen Menschen (sowie komplizierten Maschinen und ganzen Maschinensystemen), sondern auch Leiter von Kollektiven werden.

Aus ehemaligen Klein-, Mittel- und Großbauern, aus ehemaligen Landarbeitern und Traktoristen, die als Industriearbeiter aufs Land gekommen sind, entwickelt sich die Klasse der Genossenschaftsbauern. Dieser Prozeß ist noch voll im Gange. Die Mitglieder der verschiedenen LPG haben unterschiedliches Eigentum, unterschiedliche historische Vergangenheit, die Vergenossenschaftung der von ihnen betriebenen Produktion ist unterschiedlich weit fortgeschritten, — aber die Jüngeren kennen schon nicht mehr die Felder ihrer Väter, und die Formen der Produktion entwickeln sich in dem Maße weiter, wie dafür die ideellen und materiellen Voraussetzungen entstehen.

Eingeleitet durch die Anwendung von in der Industrie geschaffenen Kraft- und Arbeitsmaschinen in der Landwirtschaft hat das Wechselverhältnis zwischen den sich entwickelnden sozialistischen Produktionsverhältnissen und immer neuen und technisch vollkommener werdenden Arbeitsmitteln den Prozeß einer völligen Umgestaltung der Landwirtschaft und ihrer Betriebe zunehmend beschleunigt. In seinem Verlauf beginnt die landwirtschaftliche Produktion heute bereits die bisher als gesetzmäßig angesehenen Besonderheiten zu verlieren und mehr und mehr zu einer „Abart industrieller Produktion“ — zum integrierten Bereich „Nahrungsgüterproduktion in I. und II. Stufe“ der Volkswirtschaft zu werden.

Es ist sehr schwer, die ganze Bedeutung der Umwandlung von mehr als 500000 bäuerlichen Einzelwirtschaften — Betriebe unter 1 ha nicht mitgerechnet – zu rund 15000 landwirtschaftlichen Produktionsgenossenschaften und 660 volkseigenen Gütern, deren weitere Entwicklung in vollem Gange ist, darzustellen. Sie war begleitet von einer Vermehrung der Ausrüstung der Landwirtschaft mit Produktionsfonds, die in ihrem Umfang und ihrem Tempo historisch einmalig ist. Von den Ausmaßen der materiellen Seite dieses Prozesses und den für seine Durchführung erforderlichen Aufwendungen kann anhand einiger Fakten eine nur sehr grobe Vorstellung gegeben werden.

Im Jahre 1946 produzierten über 2 Millionen Arbeiter und Bauern Nahrungsmittel für etwa 18 Millionen Menschen – bei einem Stand der Versorgung, an den man sich nur ungern zurückerinnert. 1966 arbeiten in landwirtschaftlichen Betrieben kaum mehr als 800000 Vollarbeitskräfte, auch wenn in der Statistik für die Land-, Forst- und Wasserwirtschaft 1,2 Millionen Berufstätige ausgewiesen werden. In ihnen sind etwa 50% nicht voll arbeitende Frauen enthalten, so daß etwa die Hälfte der Berufszugehörigen von 1946 für 17 Millionen Einwohner der DDR im Jahre 1966 mehr als 90% der Rohstoffe eines seinem Kalorien- und Fettgehalt nach überhöhten Nahrungsmittelverbrauchs liefern.

Export und Import an Nahrungs- und Genußmitteln sowie von der Landwirtschaft geschaffenen Produktionsmitteln (Saatgut, Zucht- und Schlachttiere, Heil- und Gewürzpflanzen) gegeneinander aufgerechnet, dürfte das Verhältnis zwischen Verbrauch und eigener Erzeugung noch verbessern. Unbeschadet der absoluten Zuverlässigkeit der einzelnen Angaben kann man feststellen, daß heute in etwa 16000 landwirtschaftlichen Betrieben der verschiedenen Formen von weniger als der Hälfte aller 1946 in der Produktion Tätigen dem Wert nach um 200% mehr Nahrungsgüter produziert werden als in etwa 500000 landwirtschaftlichen Betrieben des Jahres 1946.

Da bei Vergleichen die Basis immer von Bedeutung ist, könnte man die Berechtigung, gerade das Jahr 1946 dafür heranzuziehen, anzweifeln. Tatsächlich liegt es dem neuen Anfang am nächsten. Aber auch ein Vergleich des Jahres 1950 oder des Jahres 1952, in dem sich die ersten LPG bildeten, mit dem Jahre 1965 zeigt die zumindest in ihrem Trend stetige Aufwärtsentwicklung. Einem mit 6,5 Milliarden DM ausgewiesenen Bruttoprodukt der Landwirtschaft im Jahre 1950 stehen 19,2 Milliarden MDN – also fast das 3fache – im Jahre 1965 gegenüber. Berücksichtigt man dabei, daß es um den Verbrauch pflanzlicher Produkte eigener Erzeugung mit etwa 5 Milliarden MDN für 1965 zu niedrig ausgewiesen ist (für 1950 kann dieser „Widereinsatz" mit kaum mehr als 3 Milliarden DM geschätzt werden), so ist der absolute Anstieg noch höher.

Was dabei im Bereich der Nahrungsgüterproduktion vor sich gegangen ist, läßt sich auch daran ermessen, daß bei einer Steigerung des Bruttoproduktes im Bereich „Industrie und produzierendes Handwerk" auf 394 im Vergleich zu 1950, die Zahl der Beschäftigten seit 1952 um 250 000 Berufstätige zugenommen hat, während eine Steigerung des Bruttoproduktes auf 297 in der Landwirtschaft mit einer Reduzierung der Berufszugehörigen auf etwa die Hälfte von 1946 einherging. Wenn aber die Hälfte der Landarbeiter und Genossenschaftsbauern 1966 mehr als das Dreifache der Produktion von 1946 auf der gleichen Bodenfläche erzeugt hat, dann war das nur durch einen stetig steigenden Einsatz von Produktionsmitteln aller Art möglich. Die im Laufe der letzten 20 Jahre auf 1,5–2 Milliarden Arbeitszeitstunden jährlich steigende Einsparung von Arbeitszeit war nur durch den Ersatz lebendiger Arbeit durch Maschinen, durch eine kontinuierliche Rationalisierung möglich. Die Steigerung der Produktion erfolgte nicht nur durch Vermehrung der Produktionseinheiten als extensiv erweiterte Reproduktion, sondern vor allem über einen gesteigerten Einsatz an Material und bessere Nutzung in der Natur vorgefundener Arbeitsgegenstände, als intensiv erweiterte Reproduktion, allgemein als Intensivierung bezeichnet.

Die Vermehrung der Ausrüstung der Landwirtschaft mit Tieren für die Umwandlung von Pflanzen in Tierprodukte, mit Maschinen für den Ersatz lebendiger durch vergegenständlichte Arbeit (d. h. die Mechanisierung der Arbeitsprozesse), die steigende Versorgung der Landwirtschaft mit mineralischen Düngemitteln, mit aus anderen Bereichen der Volkswirtschaft stammenden Futtermitteln und Erzeugnissen der chemischen Industrie (im wesentlichen also Grund- und Hilfsmaterial, zu dem auch Elektroenergie und Treibstoffe gehören), mit der Ausdehnung der Produktionskapazitäten bei gleichzeitiger, in der Praxis nicht genau abgrenzbarer Rationalisierung und Intensivierung hat zu einer entscheidenden Steigerung der Produktion je Arbeitskraft geführt.

Tabelle 3. Mechanisierung landwirtschaftlicher Arbeiten
Anteil der mit Mähdreschern und Vollerntemaschinen abgeernteten Fläche an der Gesamtfläche [%]

	1960	1962	1963	1964	1965	1966
Mähdrescher	38,0	50,7	58,9	66,5	71,4	80,3
Kartoffelvollerntemaschinen	25,0	27,0	25,0	29,3	30,2	·
Rübenvollerntemaschinen	46,0	72,0	82,3	85,5	85,5	·

Für die Durchführung der Arbeitsprozesse waren 1946 mehr als 800 000 Pferde und Zugochsen vorhanden gegen nur noch 246 000 im Jahre 1965.

Die von 550 000 nicht mehr vorhandenen Pferden zu leistende Arbeit wird mit 124 000 statt früher 30 000 Schleppern erledigt. An die Stelle von 6 Pferden ist ein Schlepper getreten. Futter wird durch Kraftstoff ersetzt. Insgesamt aber können anstelle von Futter für etwa 550 000 Pferde Nahrungsmittel für 1—1,5 Millionen Menschen mehr erzeugt werden.

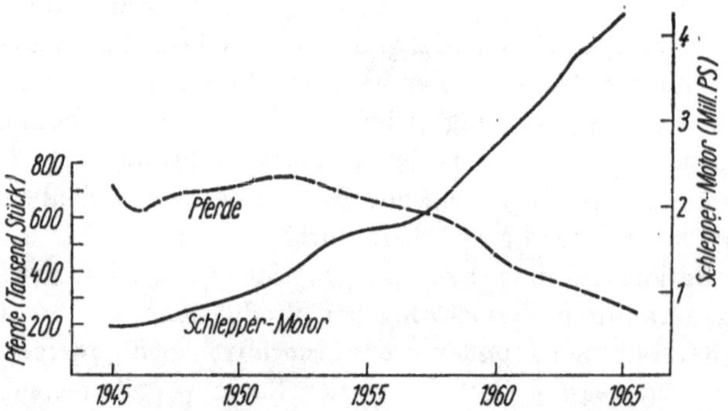

Abb. 4 Entwicklung des Zugkraftpotentials in der Landwirtschaft 1945 bis 1965

Fast ausschließlich für den Einsatz mit Zugtieren bestimmte Maschinen und Geräte sind durch Lastkraftwagen, Anhänger für Schlepperzug, Kartoffellegemaschinen, Mähdrescher, Mähhäcksler, Kartoffel- und Rübenvollerntemaschinen ersetzt worden. Wurden 1946 je Hektar Anbaufläche 14,8 dt Getreide geerntet, so waren es 1966 nach Vorschätzungen 28,7 dt/ha. Es läßt sich dabei eine eindeutige Korrelation zwischen der Höhe der Erträge und dem Aufwand an Düngemitteln feststellen.

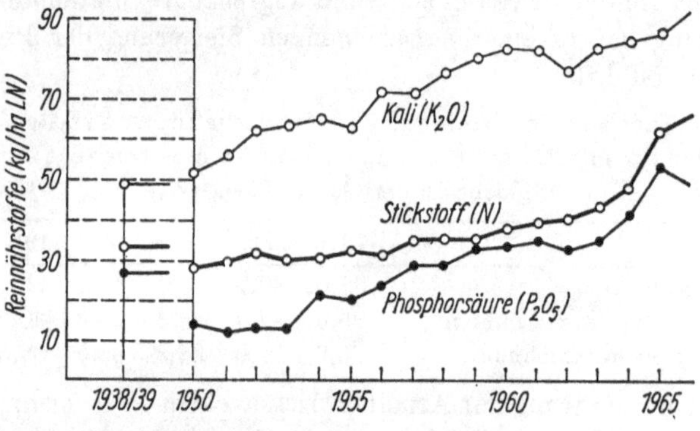

Abb. 5 Aufwand an Mineraldünger 1950 bis 1965

1946 wurden mit etwa 1,3 Millionen Kühen Milch und Kälber produziert, mit nicht viel mehr als 1,5 Millionen übrigen Rindern die Kuhbestände reproduziert und Schlachtrinder erzeugt. Heute verfügen wir über fast 2,2 Millionen Kühe und mehr als 2,5 Millionen übrige Rinder. Die Produktion von Schlachtschweinen erfolgt statt mit 2 Millionen Tieren kurz nach dem 2. Weltkrieg mit etwa 9 Millionen im Durchschnitt der letzten Jahre. Selbst die Anzahl der Schafe hat sich mit etwa 2 Millionen seit 1946 fast verdreifacht, und statt nicht ganz 9 Millionen Legehennen im Jahre 1950 gibt es heute über 26 Millionen in der DDR.

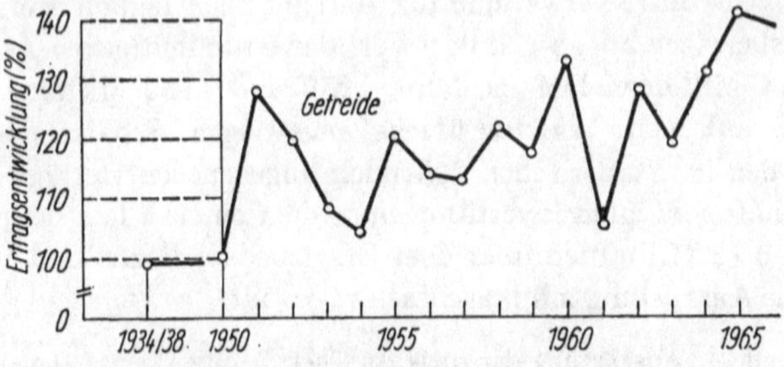

Abb. 6 Ertragsentwicklung 1950–1965 (1950 ≙ 100)

Der Einsatz von Maschinen hat zur Einsparung an Arbeitszeit geführt:

bei der Produktion von Getreide um 100–140 AKh/ha,

bei der Produktion von Kartoffeln um etwa 100 AKh/ha,

bei der Produktion von Pflanzen insgesamt um nicht weniger als 600–800 Millionen Stunden jährlich.

Der für die Pflege der nicht mehr vorhandenen Pferde eingesparte Arbeitszeitaufwand kann allein mit etwa 90 Millionen Stunden jährlich veranschlagt werden. Der Arbeitszeitaufwand für die Produktion von Milch ist um mindestens 100 Stunden je Kuh, für alle Kühe um etwa 200 Millionen Stunden im Jahr reduziert worden. Der höhere Einsatz an Grundmaterial aber hat bei gleichem Aufwand für die Durchführung des Produktionsprozesses, gleichem Aufwand an „Hilfsmaterial“, das vor allem als Erhaltungsfutter bei der Produktion mit Tieren von erheblicher Bedeutung ist, nicht nur zu höherer Produktion je Erzeugungseinheit, sondern auch zu niedrigerem Aufwand und niedrigeren Kosten je Erzeugniseinheit geführt.

Die Mehrerträge erfordern – ordnungsgemäße Durchführung des Produktionsprozesses vorausgesetzt – außer einem Mehraufwand an Düngemitteln nur unbedeutend mehr Erntekosten. Die Steigerung der Milchproduktion je Kuh von 2000 auf 3000 kg im Jahr verlangt nur einen zusätzlichen Aufwand von 250 kg Stärkewerten mit 50 kg Eiweiß – Preis etwa 125 MDN – und bewirkt eine Senkung des Gesamtaufwandes an Futter von 950 auf 750 gr. Stw/l und damit eine Verbilligung der Milch um etwa 0,10 MDN/l.

Es ist schwer, die Veränderungen im Wert der Ausrüstung der Landwirtschaft seit dem Jahre 1946 genau zu bestimmen. Geht man aber von den von der Staatlichen Zentralverwaltung für Statistik nachträglich ermittelten Abschreibungsbeträgen aus, so ist der Wert der Grundmittel bei Abschreibungen von 174 Millionen DM im Jahre 1950 und 1150 Millionen MDN im Jahre 1965 auf mehr als das 6fache angestiegen. Schätzt man auf der Grundlage der im Statistischen Jahrbuch angegebenen Beträge die in der Landwirtschaft getätigten Investitionen, so dürften sie allein bei den Grundmitteln um 6–8 Milliarden über dem Ersatzbedarf liegen und wurden vor allem für die Ausrüstung mit Maschinen verwandt.

Tabelle 4. Ausrüstung der sozialistischen Landwirtschaftsbetriebe 1965 im Vergleich zu den Land- und forstw. Betrieben 1949

	1949	1865
Schlepper	23311	124259
LKW	·	13115
Anhänger für Schlepper und LKW	·	169875
Düngerstreuer	43711	31207[1)]
Stalldungstreuer	–	8773
Drillmaschinen	205206	31043
Kartoffellegemaschinen	–	9139
Mähbinder	117472	18548[2)]
Dreschmaschinen	206246	14066[2)]
Mähdrescher	–	15409
Kartoffelroder	153321	13871[3)]
Kartoffelvollerntemaschinen	–	6843
Rübenvollerntemaschinenen	–	4742
Anzahl der Betriebe über 1,0 ha	675681	33990
Anzahl der Landw. Produktionsgenossenschaften		15342

1) 1964

2) 1963

3) 1962

1-3 letztmalig im Statistischen Jahrbuch ausgewiesen

Zur Vermehrung der den Festlegungen des Rechnungswesens nach als Grundmittel bezeichneten Ausrüstung kommt die der Tiere hinzu, die generell zu den Umlaufmitteln gerechnet, tatsächlich ihrer Stellung im Produktionsprozeß nach teils Grund-, teils Umlaufmittel sind, sowie die Vermehrung der übrigen Umlaufmittel (einschließlich der „unvollendeten Produktion" in Gestalt der sogenannten „Feldvorräte"). Auch hier kann man nur wieder schätzen. Eine Erhöhung z. B. der Anzahl der

Kühe um	800 000	Stück,
der übrigen Rinder um	1 300 000	Stück,
der Schweine um fast	7 000 000	Stück,
und der Legehennen um	15 000 000	Stück

muß mit etwa 6 Milliarden MDN veranschlagt werden. Berücksichtigt man die Verminderung der Pferdebestände um rund 550 000 mit etwa 1,5 Milliarden MDN, so verbleibt immer noch eine Vermehrung der Tierbestände um 4,5 Milliarden. Ihre Erhaltung und die Produktion mit ihnen setzt schließlich ebenso wie eine gesteigerte Pflanzenproduktion eine erhebliche Vermehrung der Materialbestände — vor allem an Futtervorräten — voraus. Sie muß nach vorliegenden Einzeluntersuchungen mit etwa 1,2—1,5 Milliarden MDN veranschlagt werden.

Daraus aber ergibt sich, daß mit einer Verdreifachung der Produktion und einer Reduzierung der Voll-Arbeitskräfte auf 50 % eine Erhöhung des Wertes der Ausrüstung der Landwirtschaft um mindestens 12—14 Milliarden MDN einhergegangen ist. Der Brutto-Wert der Ausrüstung je Produktionsarbeiter ist um 30—40 TMDN gestiegen und kann heute im Durchschnitt mit 50—60 TMDN veranschlagt werden. Die Zusammensetzung der Fonds hat sich der in der Industrie angenähert. Ein sogenanntes „wesentliches Merkmal" der Landwirtschaft beginnt damit zu verschwinden und gibt es in vielen Betrieben bereits nicht mehr. Beispiel dafür sind die am weitesten entwickelten LVG der Deutschen Akademie der Landwirtschaftswissenschaften zu Berlin, in denen die Ausrüstung mit Grund- und Umlaufmitteln zwischen 34 und 89 TMDN je Produktionsarbeiter beträgt.

Es ist ziemlich klar, daß die damit angedeutete Entwicklung noch keineswegs abgeschlossen ist. Jede weitere Steigerung der Produktion und jeder weitere Ersatz von Arbeitskräften in der Landwirtschaft muß mit einer weiteren Vervollkommnung ihrer Ausstattung mit Produktionsmitteln einhergehen. Das ist ein Prozeß, der sich in allen Ländern der Erde, unabhängig von den herrschenden Produktionsverhältnissen, vollzieht. Wir haben den Vorteil, ihn planmäßig abgestimmt mit der Entwicklung der gesamten Volkswirtschaft ablaufen lassen zu können. Zu voller Nutzung der damit erreichbaren Vorteile kommt es aber darauf an, die richtigen Proportionen zwischen dem vermehrten Einsatz von Arbeitszeit sparenden und die Produktion steigernden Produktionsmitteln, zwischen dem vermehrten Einsatz von Arbeitsinstrumenten sowie Bauten und Anlagen und dem Einsatz von Grundmaterial zu finden. Um es einfacher und in Verbindung mit der gesamten Volkswirtschaft zu sagen: es kommt darauf an, richtige Proportionen zu wahren zwischen der Vermehrung der Bauten und Maschinen in der Landwirtschaft und dem Bau von Düngemittel-, Futtermittel- und anderen die Landwirtschaft mit Material versorgenden Werken in der Industrie.

Die Vermehrung der in der Landwirtschaft eingesetzten Produktionsmittel ausschließlich gesellschaftlicher Hilfe für die Landwirtschaft zuschreiben oder sie auf „eigene Akkumulation" und staatliche Hilfe aufteilen zu wollen, erscheint als wenig sinnvoll, so lange Nettoprodukt und Beitrag zum Nationaleinkommen mehr von geplanten Preisen als von der Effektivität der stetig abnehmenden lebendigen Arbeit bestimmt werden.

Wenn heute in den landwirtschaftlichen Betrieben der DDR mehr als 80 % aller Arbeiten mit Schleppern durchgeführt werden, über 80 % des Getreides mit Mähdreschern, 85,5 % der Zuckerrüben und etwa 30 % der Kartoffeln mit Vollerntemaschinen geerntet werden, dann kann man ungefähr einschätzen, was an weiterer Ausrüstung erforderlich ist, um noch alte, dem derzeitigen Stand der Entwicklung nicht mehr entsprechende Maschinen durch neue, stets besser werdende Maschinensysteme zu ersetzen. Aufwendungen im Werte von etwa 1 Milliarde MDN jährlich dürften für die einfache Reproduktion und die noch notwendige erweiterte Reproduktion der Maschinen für die Pflanzenproduktion genügen. Hinzu kommen Ersatzteile und Reparaturleistungen für nicht weniger als etwa 1,5 bis 2 Milliarden MDN, aber auch Treib- und Schmierstoffe mit etwa 500 Millionen MDN. Nach Einzeluntersuchungen kann man annehmen, daß der Einsatz der zur Zeit in unseren landwirtschaftlichen Betrieben vorhandenen Maschinen ohne Vergütung der Bedienungskräfte jährlich nicht weniger als 3—3,5 Milliarden MDN erfordert. In ihnen sind nicht die Kosten für Gebäude und Maschinen enthalten, die für die Produktion von Zucht- und Schlachttieren sowie von tierischen Erzeugnissen entstehen.

Außer zu einer Erhöhung der vorhandenen Kapazitäten hat die Entwicklung der sozialistischen Landwirtschaftsbetriebe hier vor allem zu einer Konzentration der Tierbestände im Zuge der Reproduktion alter, nicht mehr brauchbarer Ställe und ihrer Rekonstruktion geführt. Die dabei erreichten Ergebnisse sind mit denen in der Pflanzenproduktion nicht zu vergleichen. Einmal, weil vor allem in den LPG Typ I Produktion mit Tieren noch individuell, in kleinen Ställen mit geringer Konzentration betrieben wird, zweitens, weil der Ersatz vorhandener Gebäude wesentlich höhere Aufwendungen erfordert als die Anschaffung von Maschinen und deshalb kaum viel schneller als im Zuge einfacher Reproduktion erfolgen kann. Wie hoch die auch dann noch erforderlichen Aufwendungen sind, läßt sich daran ermessen, daß der Brutto-Wert der in der Landwirtschaft zur Zeit erforderlichen Gebäude – neu errichtet – mit etwa 30 Milliarden MDN veranschlagt werden muß.

Tabelle 5. Fahrzeuge und Erntemaschinen der sozialistischen Landwirtschaftsbetriebe 1960…1965
[in 1000 Stück]

	1960	1961	1962 insgesamt	1962 darunter MTS/RTS	1963	1964	1965
Schlepper	70,6	89,9	99,9	66,5	111,2	117,7	124,3
LKW	9,3	10,8	11,0	3,9	11,1	11,3	13,1
Anhänger	80,0	103,3	115,4	39,6	134,3	150,6	169,9
Mähdrescher	6,4	9,2	11,4	10,2	12,8	13,8	15,4
Kartoffelvollerntemaschinen	6,4	7,8	7,5	6,7	6,9	6,6	6,8
Rübenvollerntemaschinen	3,7	4,1	4,5	4,0	4,8	4,8	4,7

Dieser Stand der Ausrüstung der Landwirtschaft hat die Art zu produzieren, die angewandten Verfahren, aber auch den Einsatz von Produktionsmitteln und Arbeit völlig verändert. Getreide – auf 50 % unseres Ackerlandes – wird mit einem hoch entwickelten Maschinensystem, bestehend aus Schleppern, Bodenbearbeitungsmaschinen, Sämaschinen und Mähdreschern produziert. Mit ihm ist es möglich, 1 dt Getreide mit einem Aufwand von etwa 2 Stunden herzustellen, während 1950 dafür noch etwa 8 Stunden erforderlich waren. Spitzenbetriebe kommen bei Verzicht auf die Strohbergung mit 1 AKh aus, – die Lehr- und Versuchsgüter der Deutschen Akademie der Landwirtschaftswissenschaften haben 1965 1,5 AKh/dt benötigt. Scheunen sind dabei überflüssig, Zwischenlagerung ist nur nötig für aufzubereitendes Saatgut und erfolgt in weitgehend automatisierten Lagern mit Trocknungseinrichtungen. An die Stelle von Lagern in den Betrieben treten zunehmend staatliche Siloanlagen. Bei ihnen kann man darüber streiten, ob sie noch landwirtschaftliche Bauten oder schon Material- und Vorratslager der Nahrungsmittelindustrie sind.

Die Struktur der Selbstkosten von Wintergetreide aber zeigt nach Auswertungen der Staatlichen Zentralverwaltung für Statistik nur noch einen Anteil von 14,6 % für die Vergütung der Arbeit, aber 37,2 % für die

Mechanisierungskosten und 10,4 % für Mineraldünger. Da selbst Saatgut zugekauft wird, beträgt der Anteil des Materialeinsatzes und des Einsatzes von Produktionsmitteln überhaupt, die nicht in den Betrieben reproduziert werden, mehr als 80 % der Selbstkosten.

Ähnlich erfolgt heute die Produktion von Grünfutter der verschiedensten Art, das nach Getreide den größten Teil der landwirtschaftlichen Nutzfläche einnimmt. Mechanisierungskosten werden mit fast 35 %, Kosten der Mineraldüngung mit fast 14 % und der Aufwand für die Vergütung der lebendigen Arbeit mit nur 13 %, unter Einbezug aller Löhne für Leitung, Verwaltung und den fiktiven Bereich mit 15 %, ausgewiesen.

Außer beim Gemüse und einigen Sonderkulturen, die am Gesamtumfang der landwirtschaftlichen Produktion gemessen, keine besondere Bedeutung haben, erreichen die Kosten der lebendigen Arbeit bei der Pflanzenproduktion nur noch bei Zuckerrüben (37 %) und bei Kartoffeln (27 %) einen über 20 % hinausgehenden Anteil der Selbstkosten. Mit fortschreitender Mechanisierung, der Entwicklung von Verfahren, bei denen auf Handarbeit weitgehend verzichtet werden kann, wie etwa der handarbeitslosen Rübenpflege, dem Einsatz von Pflanzmaschinen oder Gemüseerntemaschinen, sind auch hier erhebliche Veränderungen mit Sicherheit zu erwarten.

Bei der Produktion mit Tieren kommen die im Zuge der sozialistischen Umgestaltung der Landwirtschaft sich vollziehenden Veränderungen überall dort zum Ausdruck, wo bereits eine den Verhältnissen entsprechende Großproduktion entstanden ist. Typisch für sie ist, daß noch vor 20 Jahren für gesetzmäßig gehaltene Verbindungen zwischen der Produktion von Pflanzen mit der von Tieren in einem Betrieb in dem Maße aufhören zu existieren, wie in Industriebetrieben bearbeitete Futtermittel anstelle selbst erzeugter zum Einsatz kommen. Es sind nicht nur Schweinemastanstalten, in denen ein Mann aus Ferkeln oder Läufern im Jahr 2000 Mastschweine mit einem Brutto-Produktionswert von 600 000.– MDN herstellt, oder „Eierfabriken“, in denen von einer Person mit 5000 Legehennen 1 Million Eier produziert werden – Bruttoproduktion je Arbeiter etwa 3 000 000.– MDN –, auch Schlachtrinder werden in Spezialbetrieben oder Spezialabteilungen großer Landwirtschaftsbetriebe – oft als einzige Art der Produktion von Tieren – erzeugt, und es besteht kein Grund, daran zu zweifeln, daß diese Veränderungen nach und nach auch alle übrigen Bereiche der Produktion ergreifen werden. Milch wird heute in einer zunehmenden Anzahl von Beständen mit einigen hundert Kühen produziert. Milchproduktionsanlagen mit weniger als 200 Kuhplätzen werden kaum noch gebaut. Solche mit 400–600 Plätzen sind in der Erprobung und projektiert wird an Versuchsanlagen, in denen einmal mit 2000 Kühen Milch produziert werden soll. Die Tatsache, daß heute bereits etwa 70% aller Kühe mit der Maschine gemolken werden, reicht allein nicht aus, solche Konzentrationen zu rechtfertigen. Auch die heute am meisten in der DDR verbreiteten Fischgrätenmelkstände, mit denen 1 Melker in einer Stunde 40 und mehr Kühe melken kann, wobei seine Arbeit durchaus schon industrieller vergleichbar ist, werden in großen Beständen dem Gundorfer Melkkarussell mit einer Kapazität von 200 Kühen in der Stunde weichen müssen. Mit ihm haben neben dem Fließband auch Elemente der Automatisierung ihren Einzug in die Produktion von Milch gehalten.

Tabelle 6. Anteil der mit Melkmaschine gemolkenen Kühe am Gesamt-Kuhbestand (%)

1961	1962	1963	1964	1965
35,4	45,4	52,8	63,2	70,0

Mit der Schaffung ganzer Maschinensysteme für die Produktion einzelner Pflanzen, ganzer Anlagen für die Produktion von Milch – nicht mehr nur von Kuhställen für die Rinderhaltung –, von Mastanstalten für die Produktion von Mastschweinen oder Mastrindern, überhaupt mit der Schaffung von technologisch bestimmten Einheiten für die Produktion bestimmter Erzeugnisse, gleich ob von Tieren oder auch von Pflanzen, wird durch deren Kapazität zunehmend Art und Umfang der Produktion bestimmt. Es entscheiden nicht mehr in erster Linie die mehr oder weniger zufällig in einer LPG zusammengebrachten Flächen einer mehr oder weniger großen Anzahl von Bauernhöfen darüber, was in welchem Umfang produziert werden soll, sondern die Kapazitäten der vorhandenen oder dem Bedarf entsprechend geschaffenen technologischen Einheiten. Mit der Schaffung einer ganzen „Maschinerie" und dem zunehmenden Einsatz von Rohstoffen, die aus anderen Bereichen der Volkswirtschaft kommen, wird die Produktion von Nahrungsgütern mehr und mehr derjenigen anderer Güter ähnlich. Die landwirtschaftliche Produktion wird zu einer Art industrieller Produktion.

Damit aber hören unsere alten, vielseitig organisierten, in ihren Zweigen eng miteinander verbundenen Betriebe nach und nach auf zu existieren. Die Entwicklung der Produktivkräfte, vor allem der Produktionsinstrumente, sprengt die Grenzen der Betriebe. Es entstehen in Betrieben mit genügend umfangreichen Flächen technologisch bestimmte Einheiten für die Produktion einzelner Erzeugnisse oder Erzeugnisgruppen. Sie rechnen im Rahmen des Betriebes selbständig ab und führen als sogenannte Spezialbrigaden nicht nur zu völlig neuen Formen der Organisation der Produktion, sondern auch durch das Erfolgserlebnis und die Überwindung der auch in sozialistischen Betrieben ein Problem darstellenden, im Zuge fortschreitender Arbeitsteilung schwer zu vermeidenden Entfremdung der Arbeit zur Auslösung bisher in VEG kaum gekannter Initiative der Werktätigen. Um die Berechtigung solcher selbständiger Produktionseinheiten ist, bevor erste Ergebnisse vorlagen, viel gestritten worden. Das Leben und der Erfolg allein werden darüber entscheiden, ob und wo man mit ihnen einen Fortschritt erreichen kann. Daß ihre Formen dabei vielgestaltig sein können und sich wohl auch ständige ändern werden, unterliegt keinem Zweifel. Die Zahl der Betriebe, in denen solche technologisch bestimmten Einheiten in mehr und mehr selbständigen Bereichen weitgehend selbständig produzieren, nimmt aber ständig zu. Ihre ökonomische Durchdringung wird durch die Entwicklung innerbetrieblicher ökonomischer Beziehungen zwischen den einzelnen Bereichen – Abrechnung von Leistungen – und den Ausweis eines eigenen Produktionsergebnisses gefördert, manchmal überhaupt erst ermöglicht.

In weniger umfangreichen Betrieben führt die Rationalisierung der Produktion durch Schaffung technologisch optimal gestalteter Produktionseinheiten und die volle Ausnutzung ihrer Kapazitäten zur Reduzierung des Produktionssortiments im Betrieb und zum Zwang, es durch Kooperation mit anderen zu ergänzen. Sich lebhaft entwickelnde Kooperationsbeziehungen zwischen landwirtschaftlichen Betrieben der verschiedenen Eigentumsformen, LPG und VEG, verschiedener Größe und mit unterschiedlichstem Produktionssortiment sind deshalb typisch für die gegenwärtige Etappe der Entwicklung. Sie werden von Partei und Regierung gefördert und sind so unterschiedlich wie die konkreten Verhältnisse in den einzelnen Genossenschaften und VEG bzw. ihre Interessen und Beziehungen untereinander.

Mit dem Verkauf der Maschinen der MTS an die LPG entstanden die ersten Vereinbarungen, diese teils für die einzelnen LPG, teils bereits aus gemeinsam aufgebrachten Mitteln zu erwerben und gemeinsam in allen beteiligten Betrieben einzusetzen. Die Bauern hatten aus den Erfolgen ihrer Arbeit mit den MTS gelernt, welchen Vorteil es hat, nicht alle Maschinen anschaffen zu müssen. Man bildete Einsatzleitungen und bald Kooperationsräte, die im Auftrage der beteiligten Betriebe sich aus der Zusammenarbeit ergebende Aufgaben zu erledigen haben. Diese aber gingen bald über den gemeinsamen Maschineneinsatz hinaus.

Flächenaustausch, Übernahme der Produktion bestimmter Erzeugnisse, wie etwa einzelner Gemüsearten, aber auch von Läufern, Kälbern, Jungrindern oder Milch einzelner für andere und Schaffung gemeinsamer Anlagen, etwa für die Produktion von Küken oder Trockengut, kamen hinzu. Die Bildung gemeinsamer Fonds war die notwendige Folge. Schon die Abgabe und Übernahme bestimmter Produktion führt nicht nur zur Spezialisierung in zur Zeit noch kleinen Betrieben, sie ermöglicht auch bei Nutzung vorhandener Kapazitäten eine über den derzeitigen Stand hinausgehende Konzentration der Produktion. Die Produktion von Läufern in einer LPG kann die Konzentration der Mastschweine-Produktion in anderen begünstigen. Der Verzicht auf Jungviehaufzucht schafft die Möglichkeit, mehr Kühe zu halten, im anderen Betrieb in vorhandenen, für die Milchproduktion nicht geeigneten Ställen Jungviehaufzucht in größerer Konzentration und mit höherer Arbeitsproduktivität zu betreiben. Ohne die Selbständigkeit der einzelnen Betriebe zu beeinträchtigen, bilden sich bei getrenntem, aber auch gemeinsamen neuem Eigentum Betriebe höherer Formen.

Zur horizontalen Kooperation (der Zusammenarbeit bei der Herstellung eines Erzeugnisses auf einer Stufe — der Produktionsmittelgemeinschaft) kommt zunehmend die vertikale Kooperation (bei der mehrere Betriebe an der Herstellung eines Endproduktes arbeiten).

Die Einbeziehung der bestehenden Bäuerlichen Handelsgenossenschaften in die Kooperationsbeziehungen der LPG und VEG führt zu weiterer Arbeitsteilung und Bildung von Dienstleistungsbetrieben, deren Fonds gemeinsames Eigentum der beteiligten Betriebe sind. Mit Produktionsinstrumenten — besser als bisher jeder einzelne es sein konnte — ausgerüstete Spezialbetriebe übernehmen zunehmend gleichartige Abschnitte der Produktion in vielen Betrieben. Aber auch Transportbetriebe und solche der Leicht- und Nahrungsgüterindustrie werden ihre Arbeit mit der die Nahrungsgüter in erster oder zweiter Stufe produzierenden Landwirtschaft verflechten. An die Stelle der bisher ausschließlich betrieblichen tritt zunächst die überbetriebliche und nach und nach die gesamtwirtschaftliche Integration der Produktion von Nahrungsgütern.

Wie sich das auswirken wird, läßt sich zur Zeit nur erst erahnen. Es ist aber durchaus denkbar, daß in nicht zu ferner Zukunft technisch voll ausgerüstete Einheiten nicht nur in ihrer LPG, sondern auch auf den Flächen anderer Getreide, Kartoffeln oder Zuckerrüben produzieren werden. Beispiele dafür liefern heute schon Trockenwerke, die selbst ohne Land entweder Grünfutter auf dem Halm kaufen, es selbst ernten — oder auch im Auftrag ihrer Vertragspartner ernten und verarbeiten. Ihre gemeinsame Finanzierung führt zur Schaffung höherer Formen genossenschaftlichen Eigentums, zur Verschmelzung von genossenschaftlichem und Volks-Eigentum; aber auch, wenn sie mit den Bauern erfolgt — und nur dann — zur weiteren Entwicklung ihres Verhältnisses zur Gesellschaft, ihrer Stellung in ihr und damit zur Festigung und weiteren Entwicklung sozialistischer Produktionsverhältnisse.

Mit der zunehmenden Kooperation verschiedener Betriebe bei der Herstellung eines Erzeugnisses einer Fertigungsstufe (der horizontalen Kooperation) geht aber auch die Entwicklung der Kooperation verschiedener Betriebe der Nahrungsgüterproduktion bei der Herstellung eines Finalproduktes (die vertikale Kooperation) einher. Sie erfolgt über die Schaffung von Direktbeziehungen zwischen kooperierenden landwirtschaftlichen Betrieben und dem Einzelhandel bei Obst und Gemüse, zwischen kooperierenden LPG und VEG und der Konservenindustrie, aber auch zwischen kooperierenden landwirtschaftlichen Betrieben und Fleischwarenfabriken oder milchverarbeitenden Betrieben. Stärkefabriken werden wohl in Zukunft nicht mehr einfach Kartoffeln nach Angebot kaufen, sondern sie gemeinsam ihren und den Interessen der kooperierenden Betriebe entsprechend produzieren lassen und verarbeiten. Eingeleitete Experimente werden Erfahrungen bringen.

Dieser ganze, objektiv notwendige Prozeß wird nur allmählich vor sich gehen und manche Probleme entstehen lassen. Es wird aber zweifellos zu Formen der Produktion und auch unserer landwirtschaftlichen Betriebe führen, die mit dem ursprünglichen Inhalt des Begriffes und den damit verbundenen Vorstellungen kaum noch etwas zu tun haben.

Mit zunehmender Bedeutung der vom Menschen produzierten Produktionsmittel tritt nicht nur die des unbeweglichen, unzerstörbaren und unvermehrbaren Bodens — diese These der klassischen bürgerlichen Betriebslehre einmal als geltend unterstellt — zurück, die Landwirtschaft wird zusammen mit der Nahrungsgüterindustrie zu einem mit der gesamten Volkswirtschaft eng verflochteten Bereich der Nahrungsgüterproduktion. Sie bleibt im wesentlichen extraktive Industrie. Aber sie extrahiert nicht mehr den Boden, den sie für die Produktion von Pflanzen nutzt, sondern was über ihm an freien Gütern der Natur zur Verfügung steht: CO_2, O_2, H_2O — Energie in Form von Licht und Wärme. Sie bedient sich dabei vom Menschen in ihren Eigenschaften völlig veränderter Pflanzen und Tiere, von der Industrie gelieferter Maschinen und in anderen Bereichen gewonnenen Grund- und Hilfsmaterials. Das sind, wenn auch in ihren Elementen gleich, nach Quantität und Qualität andere Produktionselemente als noch vor 50 Jahren. Das Zusammenwirken dieser Produktionselemente (-faktoren) muß neu durchdacht werden. Dabei scheint sich mehr und mehr zu ergeben, daß für alle Arten der Produktion gleiche Gesetzmäßigkeiten gelten und die jahrzehntelang betonten „Besonderheiten der Landwirtschaft“ für die Produktion von Nahrungsgütern von nicht größerer Bedeutung sind als die Besonderheiten jedes anderen Bereichs für seine Produktion.

Für die betriebsökonomische Forschung entsteht damit aber die Frage, ob bisherige Vorstellungen, die für Grundlagen der gesamten Landwirtschaftswissenschaft angesehen wurden, noch gelten. Stellt man die Produktion als Funktion des Einsatzes verschiedener Produktionselemente dar, werden wohl selbst so fundamentale Begriffe wie Differentialrente und Intensität sowie die Frage nach dem Wert des Bodens neu durchdacht werden müssen. Auch kann die landwirtschaftliche Nutzfläche nicht mehr als Bezugsbasis für den Umfang der Produktion einzelner Erzeugnisse gelten. Zur Beurteilung der Effektivität des Einsatzes lebendiger Arbeit wird man ähnlich wie in der Industrie verfahren müssen.

Was zur Zeit der ausschließlichen Aneignung von Pflanzennährstoffen aus dem Boden (auf der Stufe der reinen Hand- und Gespannarbeit und als es noch keine Düngemittel, Futtermittel oder überhaupt chemische Industrie gab) unproblematisch war und auch als gesichert gelten konnte, erweist sich bei fortschreitender Entwicklung der Produktivkräfte als nicht mehr zutreffend. Intensität und Intensivierung gelten als Begriffe eigentlich nur noch in den Grenzen der ungenutzten Kapazitäten aller übrigen Produktionselemente. Solch eine Betrachtung kann zu neuen Erkenntnissen auch über die Erscheinung des für die Landwirtschaft als typisch geltenden abnehmenden Ertragszuwachses und zur Beendigung mancher mehr dogmatischer als nützlicher Diskussionen über sie führen.

Die Darstellung der Produktion von Nahrungsgütern als Funktion des Einsatzes von Produktionselementen traf in der Landwirtschaft auf die gleichen Schwierigkeiten wie in Mehrproduktenbetrieben der Industrie. Die mit fortschreitender Arbeitsteilung und Spezialisierung einhergehende Einschränkung des Produktionsprogramms, das Entstehen von Ein-Produkten-Betrieben oder auf die Produktion eines Erzeugnisses oder einer Produktengruppe abgestellter Betriebseinheiten schafft auch hier Möglichkeiten nicht nur für neue wissenschaftliche Erkenntnisse, sondern auch für die weitere Entwicklung einer wissenschaftlich begründeten Leitung und Organisation der Produktion.

Die Produktion von Nahrungsgütern erfolgt mit zunehmender Arbeitsteilung in verschiedenen Stufen und in Betrieben, die keineswegs mehr in hergebrachtem Sinne als „landwirtschaftliche" bezeichnet werden können. Sie erfolgt zunehmend in Formen, die sich ihrem Wesen nach von industrieller Produktion nicht mehr unterscheiden, in horizontaler und vertikaler Kooperation von Betrieben, die sich als Einheiten der sozialistischen gesellschaftlichen Produktion weiter entwickeln. Die Landwirtschaft mit allen dazugehörenden Betrieben wird zu einem integrierten Bestandteil der sozialistischen gesellschaftlichen Produktion.

Kolibri 360 GmbH
Ferdinand-Jühlke-Straße 7
99095 Erfurt, Deutschland
produktsicherheit@kolibri360.de